T0082108

اختبار

هل أنت مستعد لمعرفة قدر ما تعلمته؟ اقرأ الأسئلة ثم راجع إجاباتك مع أحد الكبار.

1. أي الديناصورات له عيون كبيرة؟

2. أيّ الديناصورات لديه صفائحُ على ظهره وأشواكٌ بذيله؟

3. أي الديناصورات له قلنسوةٌ لامعةً على رأسه؟

4. أي الديناصورات هو الأصغر؟

5. تخيل لو كنت أحد الديناصورات يومًا واحدًا. ماذا ستأكل؟ هل لك أي ميزات خاصة؟

1. ترودون 2. ستيغوصور 3. كوريثوصور
4. كومبسوغناثوس 5. ربما تختلف الإجابات.

المسرد

أنكيلوصور
ديناصور آكل للنبات بهراوة
في الذيل

براكيوصورس
ديناصور طويل جدًا آكل للنباتات

ترايسيراتوبس
ديناصور آكل للنبات له ثلاثة
قرون

تيرانوصور
ديناصور كبير من آكلي اللحوم

فيلوسيرابتور
ديناصور سريع آكل للحوم له
مخالب حادة

أيّ الديناصورات تُعجبك أكثر؟ الديناصور الضخم؟ السريع؟ الذكي؟ الطويل؟

أنكيلوصور

[أن-كيلو-صور]

لهذا الديناصور هراوة بذيله.

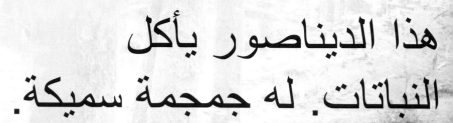

هذا الديناصور يأكل النباتات. له جمجمة سميكة.

ستيغوسيراس

[ستي-غو-سي-راس]

إغواندون

[إغْ-وان-دون]

لهذا الديناصور القوي
شوكة على كل إبهام.

غاليميموس

[غالي-مي-موس]

لهذا الديناصور الطويل أرجل رفيعة وفم كالمنقار بلا أسنان.

ستيغوصورس

[ستي-غو-صو-رَس]

لهذا الديناصور ألواح وأشواك، وله دماغ صغير.

ترودون

[ترو-دون]

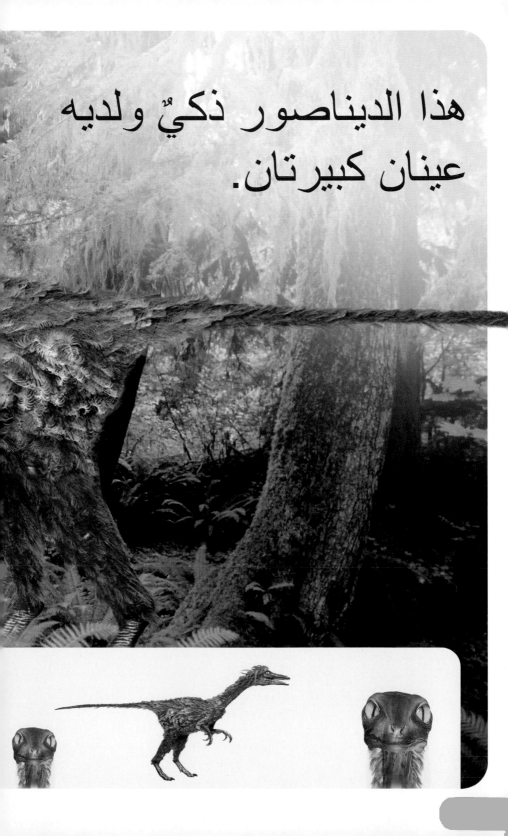

هذا الديناصور ذكيٌ ولديه
عينان كبيرتان.

كومبسوغناثوس

[كوم-بسو-غنا-ثوس]

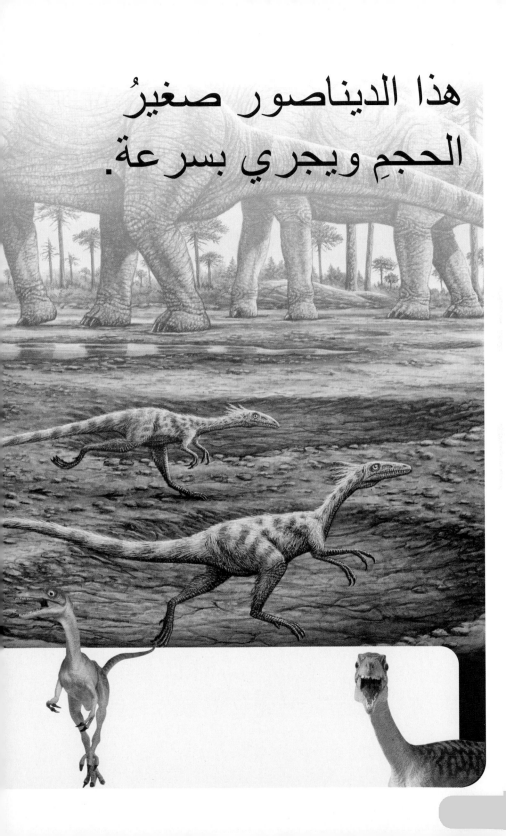

هذا الديناصور صغيرُ
الحجمِ ويجري بسرعة.

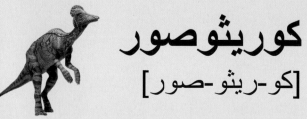

كوريثوصور

[كو-ريثو-صور]

يمتلك هذا الديناصور قلنسوةً لامعةً على رأسه عُرْف الديك.

لهذا الديناصور السريع مخالب حادة.

فيلوسيرابتور
[في-لو-سي-راب-تور]

ترايسيراتوبس

[تراي-سي-را-توبس]

يمتلكُ هذا الديناصور
ثلاثةَ قرون.

لهذا الديناصور الضخم عنقٌ طويل.

براكيوصوروس
[برا-كيو-صو-رَس]

تيرانوصور

[تي-را-نو-صور]

لهذا الديناصور
أسنانٌ حادّة.

انظر!
ها قد أتت
الديناصورات.

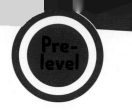

Pre-level

لقاء الديناصورات

DK

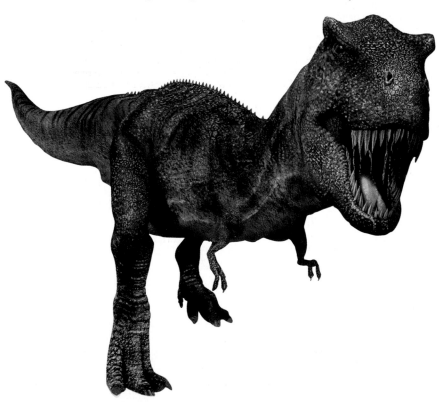

FIRST EDITION

Series Editor Penny Smith; **Art Editor** Leah Germann; **US Editors** Elizabeth Hester, John Searcy;
DTP Designer Almudena Díaz; **Pre-Production Producer** Nadine King; **Producer** Sara Hu;
Picture Research Myriam Megharbi; **Dinosaur Consultant** Dougal Dixon;
Reading Consultant Linda Gambrell, PhD

THIS EDITION

Editorial Management by Oriel Square
Produced for DK by WonderLab Group LLC
Jennifer Emmett, Erica Green, Kate Hale, *Founders*
Arabic version produced for DK by Fountain Creative

Editors Grace Hill Smith, Libby Romero, Michaela Weglinski;
Arabic Translation Mohamed Amin; **Arabic Proofreaders** Rami Ahmad, Ahmed Ibrahim
Photography Editors Kelley Miller, Annette Kiesow, Nicole DiMella;
Managing Editor Rachel Houghton; **Designers** Project Design Company;
Researcher Michelle Harris; **Copy Editor** Lori Merritt; **Indexer** Connie Binder; **Proofreader** Larry Shea;
Reading Specialist Dr. Jennifer Albro; **Curriculum Specialist** Elaine Larson

Originally published in the United States in 2023 by DK Publishing
1745 Broadway, 20th Floor, New York, NY 10019

Original title: *Meet the Dinosaurs*
First edition 2023
Copyright © 2023 Dorling Kindersley Limited
© Arabic translation 2024 Dorling Kindersley Limited
24 25 26 27 28 10 9 8 7 6 5 4 3 2 1
001–341979–Mar/2024

All rights reserved.

Without limiting the rights under the copyright reserved above, no part of this publication may be reproduced, stored in or
introduced into a retrieval system, or transmitted, in any form, or by any means (electronic, mechanical, photocopying,
recording, or otherwise), without the prior written permission of the copyright owner.

ISBN: 978-0-5938-4271-3

Printed and bound in China

The publisher would like to thank the following for their kind permission to reproduce their images:
a=above; c=center; b=below; l=left; r=right; t=top; b/g=background

Alamy Images: W. Wayne Lockwood, MD 4-5cb/g, 8-9b/g, Charles Mauzy 5brb/g, 24-25 b/g, Craig Tuttle 4tlb/g,
14-15b/g, 28-29b/g, 30ac, Phil Wilson/Stocktrek Images 16-17, Larry Lee Photography 18-19b/g, 30acl, Robert Harding
Picture Library Ltd 20-21b/g, 30acr, Jim Zuckerman 30bl; **Corbis:** Matt Brown 26-27b/g; **DK Images:** Jon Hughes 4-5c,
8-9b/g, 9b; **Getty Images:** James Randklev 5cb/g, 10-11b/g, J.P. Nacivet 22-23b/g, 30br;
Getty Images / iStock: Orla 6-7b/g, dottedhippo 8b

Cover images: *Front:* **Dorling Kindersley:** Alexandra Bye (volcano), Jenny Wren cl, br;
Back: **Dorling Kindersley:** Alexandra Bye tl, Jenny Wren cr, bl

All other images © Dorling Kindersley
For more information see: www.dkimages.com

www.dk.com

لقاء الديناصورات